タイピングにやくだつ
はじめてのローマ字

1」
あいうえおから
はじめよう
ほか

◀監修▶──小泉清華
〔筑波大学附属桐が丘特別支援学校教諭〕
◀編著▶──大門久美子

汐文社
ちょうぶんしゃ

ローマ字表（じ ひょう）

大文字（おおもじ） / 小文字（こもじ）	あ段（だん） A / a	い段（だん） I / i	う段（だん） U / u	え段（だん） E / e	お段（だん） O / o			
あ行（ぎょう）	あ a	い i	う u	え e	お o			
か行（ぎょう） K / k	か ka	き ki	く ku	け ke	こ ko	きゃ kya	きゅ kyu	きょ kyo
さ行（ぎょう） S / s	さ sa	し si [shi]	す su	せ se	そ so	しゃ sya [sha]	しゅ syu [shu]	しょ syo [sho]
た行（ぎょう） T / t	た ta	ち ti [chi]	つ tu [tsu]	て te	と to	ちゃ tya [cha]	ちゅ tyu [chu]	ちょ tyo [cho]
な行（ぎょう） N / n	な na	に ni	ぬ nu	ね ne	の no	にゃ nya	にゅ nyu	にょ nyo
は行（ぎょう） H / h	は ha	ひ hi	ふ hu [fu]	へ he	ほ ho	ひゃ hya	ひゅ hyu	ひょ hyo
ま行（ぎょう） M / m	ま ma	み mi	む mu	め me	も mo	みゃ mya	みゅ myu	みょ myo
や行（ぎょう） Y / y	や ya	（い） (i)	ゆ yu	（え） (e)	よ yo			
ら行（ぎょう） R / r	ら ra	り ri	る ru	れ re	ろ ro	りゃ rya	りゅ ryu	りょ ryo
わ行（ぎょう） W / w	わ wa	（い） (i)	（う） (u)	（え） (e)	を (o) [wo]			
ん	ん n							
が行（ぎょう） G / g	が ga	ぎ gi	ぐ gu	げ ge	ご go	ぎゃ gya	ぎゅ gyu	ぎょ gyo
ざ行（ぎょう） Z / z	ざ za	じ zi [ji]	ず zu	ぜ ze	ぞ zo	じゃ zya [ja]	じゅ zyu [ju]	じょ zyo [jo]
だ行（ぎょう） D / d	だ da	（ぢ） (zi) [di]	（づ） (zu) [du]	で de	ど do	（ぢゃ） (zya) [dya]	（ぢゅ） (zyu) [dyu]	（ぢょ） (zyo) [dyo]
ば行（ぎょう） B / b	ば ba	び bi	ぶ bu	べ be	ぼ bo	びゃ bya	びゅ byu	びょ byo
ぱ行（ぎょう） P / p	ぱ pa	ぴ pi	ぷ pu	ぺ pe	ぽ po	ぴゃ pya	ぴゅ pyu	ぴょ pyo

＊[ ]の中（なか）はべつのかきあらわしかただよ。

もくじ

○ 先生方・保護者の方へ
＊この本では、英語などの表記と混同することがないように、外来語はとりあつかっていません。
＊ローマ字に決まった書き順はありません。この本で示した書き順はひとつの例です。

アルファベットってなに？

A、B、C……などの文字のことだよ。えいごでつかわれるよ。
まちの中で、見かけたことはあるかな？

アルファベットには、大文字と小文字が、
それぞれ26ずつ、あるよ。大きさとかたちがちがうよ。

大文字

エー ビー シー ディー イー エフ ジー エイチ アイ
A B C D E F G H I

ジェイ ケイ エル エム エヌ オー ピー キュー
J K L M N O P Q

アール エス ティー ユー ブイ ダブリュー エックス ワイ ゼット
R S T U V W X Y Z

小文字

エー ビー シー ディー イー エフ ジー エイチ アイ
a b c d e f g h i

ジェイ ケイ エル エム エヌ オー ピー キュー
j k l m n o p q

アール エス ティー ユー ブイ ダブリュー エックス ワイ ゼット
r s t u v w x y z

アルファベットをさがそう──❶

07

アルファベットをさがそう──❷

もりの
えんそうかい

ローマ字ってなに？

アルファベットをつかったつづりのことだよ。

こうばんだよ。
きみのまちでは、
どこにあるかな。

とおりの
名まえだよ。
こうさてんなどで
見かけるね。

＊ち名や人の名まえは、はじめの文字を大文字でかくよ。目立たせたいときなどは、すべての文字を大文字にすることもあるよ。

せ中のローマ字、
見えるかな。
人の名まえが
かいてあるよ。

えきの
名まえだよ。
きみのまちの
えきの名まえは
なにかな？

ローマ字とえいごのちがい

どちらもアルファベットをつかうけど、ローマ字は日本ごだよ。たとえば、「名まえ」はローマ字ではnamaeとかいて「なまえ」とよむけど、えいごではnameとかいて「ネイム」とよむよ。

「あ・い・う・え・お」の

「あ・い・う・え・お」は、アルファベットの〈 a i u e o 〉をつかっ
て、それぞれ1文字で、かきあらわすよ。

あ　　　　い　　　　　　う

a i u

かけるかな ゆびでなぞろう。4本のせんを目やすにするといいよ。

◖小文字◗

◖大文字◗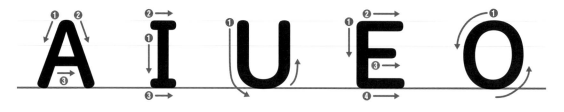

＊この本に出てくるかきじゅんはひとつのれいで、きまりはないよ。

ローマ字をおぼえよう

「ん」いがいの
すべてのローマ字で
つかわれるよ！

え
e

お
o

よめるかな 下のローマ字をよんでみよう。日本ごは、ページの下に小さくかいてあるよ。

❶ ao

❷ ie

❶あお　❷いえ

17

「か・き・く・け・こ」の

「か・き・く・け・こ」は、〈k〉と〈aiueo〉をくみあわせて、2文字でかきあらわすよ。

か
ka

き
ki

く
ku

かけるかな ▶ ゆびでなぞろう。4本のせんを目やすにするといいよ。

◀ 小文字 ▶

◀ 大文字 ▶

小文字と大文字の
ビミョーなちがいが
わかるかな?

ローマ字をおぼえよう

け こ

ke ko

よめるかな 下のローマ字をよんでみよう。日本ごは、ページの下に小さくかいてあるよ。

❶ kaki

❷ koi

❶かき ❷こい

「さ・し・す・せ・そ」の

「さ・し・す・せ・そ」は、〈ｓ（エス）〉と〈ａｉｕｅｏ（エー　アイ　ユー　イー　オー）〉をくみあわせて、2文字でかきあらわすよ。

さ し す

sa si su

かけるかな ▶ ゆびでなぞろう。4本のせんを目やすにするといいよ。

◀小文字▶

◀大文字▶

ポイント

小文字と大文字はおなじかたちだけど、たかさがちがうよ。

ローマ字をおぼえよう

asaは、左からよんでも
右からよんでも
おなじだよ！

せ　　　　そ

se so

asa
（あさ）

よめるかな 下のローマ字をよんでみよう。日本ごは、ページの下に小さくかいてあるよ。

❶ **sasa**

❷ **kasa**

❶ささ　❷かさ

21

「た・ち・つ・て・と」の

「た・ち・つ・て・と」は、〈t〉と〈a i u e o〉をくみあわせて、2文字でかきあらわすよ。

た	ち	つ
ta	**ti**	**tu**

かけるかな ゆびでなぞろう。4本のせんを目やすにするといいよ。

◖小文字◗
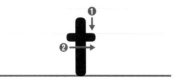

◖大文字◗
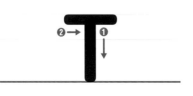

ＴシャツのＴ！

22

ローマ字をおぼえよう

て　　　　　　と

te　to

よめるかな 下のローマ字をよんでみよう。日本ごは、ページの下に小さくかいてあるよ。

❶ tako

❷ ito

❶たこ　❷糸

「な・に・ぬ・ね・の」の

「な・に・ぬ・ね・の」は、〈 n 〉と〈 a i u e o 〉をくみあわせて、2文字でかきあらわすよ。

な	に	ぬ
na	**ni**	**nu**

かけるかな ゆびでなぞろう。4本のせんを目やすにするといいよ。

小文字

大文字

ポイント
小文字と大文字では、かたちも大きさもちがうよ！

24

ローマ字をおぼえよう

ね　　　　　の

ne no

ana は、
左からよんでも
右からよんでも
おなじだよ！

ana
（あな）

よめるかな　下のローマ字をよんでみよう。日本ごは、ページの下に小さくかいてあるよ。

❶ neko

❷ nasu

❶ねこ　❷なす

25

「は・ひ・ふ・へ・ほ」の

「は・ひ・ふ・へ・ほ」は、〈h〉と〈a i u e o〉をくみあわせて、2文字でかきあらわすよ。

は　　　ひ　　　ふ

ha hi hu

かけるかな ゆびでなぞろう。4本のせんを目やすにするといいよ。

◀ 小文字 ▶
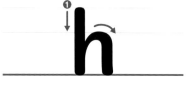

◀ 大文字 ▶
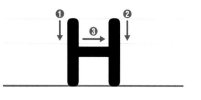

「H」はげんごうの「平成」のりゃくとしてつかわれるよ！

26

ローマ字をおぼえよう

へ　ほ

he ho

よめるかな 下のローマ字をよんでみよう。日本ごは、ページの下に小さくかいてあるよ。

❶ hana

❷ heso

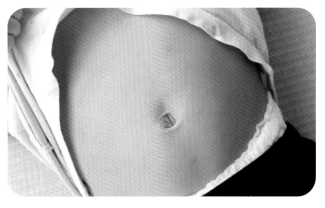

❶はな　❷へそ

27

「ま・み・む・め・も」の

「ま・み・む・め・も」は、〈 m <ruby>エム</ruby> 〉と〈 a i u e o <ruby>エー アイ ユー イー オー</ruby> 〉をくみあわせて、2文字でかきあらわすよ。

ま	み	む

ma mi mu

かけるかな ▶ ゆびでなぞろう。4本のせんを目やすにするといいよ。

◀ 小文字 ▶

◀ 大文字 ▶

「M <ruby>エム</ruby> 」はドリンクやふくのサイズで見たことがあるかな?

いまだけ M <ruby>エム</ruby> サイズ100円 <ruby>えん</ruby> !

28

ローマ字をおぼえよう

め　　　　も

me mo

よめるかな

下のローマ字をよんでみよう。日本ごは、ページの下に小さくかいてあるよ。

❶ mame

❷ semi

❶まめ ❷せみ

「や・ゆ・よ」の

「や・ゆ・よ」は、〈 y 〉と〈 a u o 〉をくみあわせて、2文字でかきあらわすよ。

や

ya

ゆ

yu

かけるかな ゆびでなぞろう。4本のせんを目やすにするといいよ。

◖小文字◗

◖大文字◗

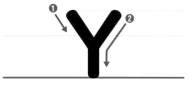

大文字の
Yだよ！

30

ローマ字をおぼえよう

よ

yo

よめるかな　下のローマ字をよんでみよう。日本ごは、ページの下に小さくかいてあるよ。

❶ yama

❷ yuki

❶山　❷ゆき

「ら・り・る・れ・ろ」の

「ら・り・る・れ・ろ」は、〈 r 〉と〈 a i u e o 〉をくみあわせて、2文字でかきあらわすよ。

ら　　　　り　　　　る

ra　ri　ru

かけるかな　ゆびでなぞろう。4本のせんを目やすにするといいよ。

◀小文字▶
r

◀大文字▶
R

こんなところに「R」があるよ！

32

ローマ字をおぼえよう

れ　　　　ろ

re ro

よめるかな　下のローマ字をよんでみよう。日本ごは、ページの下に小さくかいてあるよ。

❶ risu

❷ sora

❶りす ❷空

「わ・を・ん」の

「わ」は、〈 w 〉と〈 a 〉をくみあわせて、2文字でかきあらわすよ。

わ

を

wa

o

かけるかな ゆびでなぞろう。4本のせんを目やすにするといいよ。

◀ 小文字 ▶

◀ 小文字 ▶

◀ 大文字 ▶

◀ 大文字 ▶